ANALISI DEL LIBRO

AF137665

Il Cid

· · · · · · · · · · · · · · ·

Pierre Corneille

ANALISI DEL LIBRO

Scritto da Erika de Gouveia
Tradotto da Sara Rossi

Il Cid

PIERRE CORNEILLE

PIERRE CORNEILLE

DRAMMATURGO FRANCESE

- **Nato a Rouen nel 1606**
- **Morto a Parigi nel 1684**
- **Opere degne di nota:**
  - *L'Illusione comica* (1636), commedia
  - *Il Cid* (1637), tragicommedia
  - *Cinna* (1642), tragedia

Pierre Corneille, nato nel 1606 e morto nel 1684, è uno dei tre maggiori drammaturghi francesi del XVII secolo, insieme a Molière e Racine. Le sue opere sono numerose e varie, poiché Corneille si diletta con successo sia nella commedia che nella tragedia. Autore barocco (*L'Illusione comica*, 1636), Corneille ha anche dato al classicismo francese alcuni dei suoi capolavori (*Orazio,* 1640; *Cinna*, 1642; *Polyeucte*, 1643). La sua opera più famosa, tuttavia, rimane *Il Cid* (1637), un lavoro che all'epoca fu molto controverso (la famosa «Querelle du Cid»), a causa delle libertà prese dall'autore rispetto alle rigide regole della tragedia classica.

IL CID

IL CID, TRA SUCCESSO E POLEMICHE

- **Genere:** tragicommedia
- **Edizione di riferimento:** Corneille, P. (2007) *Le Cid*. [Online]. Poesia in traduzione. [Accessed 30 November 2015]. Disponibile da: <http://www.poetryintranslation.com/PITBR/French/LeCidActII.htm>
- **Prima edizione:** 1637
- **Temi:** amore, onore, matrimonio, duello, morte, vendetta

Il Cid, rappresentata per la prima volta nel 1637, è una tragicommedia ispirata a un tema spagnolo. Presenta Rodrigue, un giovane innamorato di Chimène, ma costretto a scegliere tra il suo amore e la difesa dell'onore del padre. I personaggi sono eroici e i loro sentimenti sono nobili. Tuttavia, la commedia finisce bene, cosa che di solito non accade nelle tragedie.

L'opera ebbe un enorme successo. Tuttavia, fu oggetto di molte polemiche. A Corneille fu rimproverato di non aver seguito rigorosamente le regole della tragedia classica e di aver presentato una trama poco credibile ed eccessivamente complessa. Anche la promessa finale di matrimonio fatta da Chimène a Rodrigue, l'assassino di suo padre, fu considerata immorale.

SINTESI

ATTO I

Nella scena introduttiva, Chimène è felicissima di sapere che il padre approva il suo amore per Rodrigue. Anche l'Infanta è favorevole al matrimonio della giovane coppia: innamorata di Rodrigue, intende mettere a tacere un sentimento che la distoglie dal suo dovere promuovendo questo matrimonio.

Tuttavia, un disaccordo oppone Don Gomès, padre di Chimène, a Don Diègue, padre di Rodrigue, che il re ha appena promosso al rango di governatore del Principe di Castiglia. Don Gomès, geloso, colpisce il maggiore che non può difendersi. Don Diègue chiede quindi al figlio di vendicare l'affronto. Rodrigue, combattuto tra l'amore per Chimène e il suo onore, sceglie di affrontare Don Gomès in duello.

ATTO II

Don Gomès, insultando Don Diègue, ha irritato il re. Tuttavia, egli rifiuta di tenerne conto e sceglie di ignorare le potenziali conseguenze della sua insubordinazione. Incontra Rodrigue, che lo sfida a duello. Il combattimento tra i due uomini non viene mostrato in scena. Solo alla fine dell'atto il pubblico viene a conoscenza del suo esito: Rodrigue ha ucciso Don Gomès.

Chimène avrebbe voluto evitare un incontro fatale tra suo padre e l'uomo che ama, ma capisce comunque che Rodrigue deve rispondere dell'insulto fatto alla sua famiglia. Quanto all'Infanta, spera di poter trarre vantaggio dal conflitto: se Rodrigue dovesse uscire vincitore, potrebbe diventare un pretendente accettabile per lei. Il re, dal canto suo, deve anche preoccuparsi della presenza di navi nemiche all'estuario del fiume.

Don Alonse entra improvvisamente per annunciare la morte di Don Gomès. Chimène arriva davanti al re, profondamente turbata. Chiede la morte dell'assassino di suo padre.

ATTO III

Rodrigue appare in scena nella casa di Chimène. La governante gli chiede di nascondersi per sfuggire alla vendetta della giovane donna. Don Sanche spera, combattendo Rodrigue, di conquistare l'amore di Chimène, di cui anche lui è innamorato. Lei attende la giustizia del re. Nonostante la rabbia e la cura per l'onore della sua famiglia, non può dimenticare i sentimenti d'amore che Rodrigue risveglia in lei. Desidera che lui sia punito tanto quanto desidera che sia risparmiato. Rodrigue le si presenta davanti e le dà la sua spada, per spingerla a ucciderlo. Le offre così l'opportunità di vendicarsi. Lei rifiuta e gli chiede di andarsene.

Rodrigue, dopo aver lasciato Chimène sola e disperata, incontra Don Diègue su una pubblica piazza. Il padre si congratula con il figlio per la sua eccezionale impresa di fronte a Don Gomès. Rodrigue non si pente del suo gesto, ma esprime quanto soffra per aver dovuto sacrificare il suo amore per Chimène per il suo onore. Il padre gli consiglia di continuare sulla strada dell'eroismo partendo per combattere i Mores che stanno per assaltare Siviglia.

ATTO IV

Rodrigue segue questo consiglio e respinge i Mores. È considerato da tutti un eroe. L'Infanta cerca di convincere Chimène a rinunciare alla sua richiesta di punizione di Rodrigue, poiché la sua morte sarebbe una grave perdita per il Paese.

Rodrigue racconta al re le sue imprese di guerriero. Ma Chimène arriva per chiedere giustizia. Il re usa un metodo sorprendente per ottenere la verità sui sentimenti della giovane donna: le fa credere che Rodrigue è morto durante il combattimento. Al sentire ciò, la ragazza sviene, rendendo così evidente il suo amore per lui. Una volta che il re le ha spiegato la verità, la ragazza chiede nuovamente che Rodrigue venga ucciso. Promette di sposare il vincitore di un duello tra Don Sanche e Don Rodrigue, se Rodrigue sarà il perdente. In questo modo, vuole rendere Don Sanche vincitore di una giustizia che il re le rifiuta. Il re accetta l'idea del duello, ma esige che Chimène sposi il vincitore, chiunque esso sia, anche se si tratta di Rodrigue.

ATTO V

Rodrigue annuncia a Chimène che non si difenderà da Don Sanche. Chimène gli chiede di combattere per difendere il suo onore e per salvarla dal matrimonio con Don Sanche, che lei non ama.

L'Infanta rinuncia al suo amore per Rodrigue: non ha più nulla da sperare, perché l'esito del duello può essere solo la morte dell'eroe o il suo matrimonio con Chimène. Chimène attende con timore l'esito del duello: dovrà sposare l'assassino di suo padre o quello di Rodrigue.

Quando vede arrivare Don Sanche con una spada insanguinata, Chimène crede che il suo amante sia morto. Finalmente si permette di confessare al re il suo amore per Rodrigue. Ma il finale è lieto: Don Sanche le dice di aver perso il duello ma che Don Rodrigue lo ha risparmiato. Il re esige che Chimène rispetti la sua promessa sposando il vincitore. Tuttavia, le concede del tempo per piangere il padre: il matrimonio sarà celebrato un anno dopo.

STUDIO DEL CARATTERE

DON RODRIGUE

Don Rodrigue è il figlio di Don Diègue e il protagonista principale dell'opera. Nobile, giovane e bello, ha ereditato le eccezionali qualità del padre; è innamorato di Chimène, che lo ricambia.

Egli incarna un certo tipo di ideale cavalleresco: coraggioso, non si preoccupa di affrontare la morte per difendere l'onore del padre o per combattere i Mores. È definito anche dalla sua grandezza d'animo: risparmia Don Sanche all'esito di un duello, nonostante sia un rivale. È generoso e fedele al padre, al re e alla donna che ama, anche quando sceglie di combattere Don Gomès. Per rimanere degno di Chimène deve vendicare l'insulto al padre. Lo stesso Don Gomès apprezza il suo futuro avversario, al quale concede senza esitazione la mano della figlia.

Rodrigue non lascia che l'amore governi le sue azioni. Sa controllare se stesso e le sue passioni per amore del suo dovere, anche se ciò significa rinunciare all'amore per Chimène. Le sue famose strofe (una poesia composta da una serie di strofe destinate a esprimere i pensieri personali di un personaggio) nella scena VI del primo atto evidenziano come egli soffra di essere combattuto tra amore e onore. Questo tipo di conflitto interiore è chiamato "dilemma corneliano". Il monologo dell'eroe si conclude con la sua energica decisione di abbracciare la vendetta e salvare l'onore della sua famiglia.

In questo modo, Rodrigue suscita l'ammirazione del pubblico e degli altri personaggi, compreso il re. Gli ostacoli che incontra gli conferiscono una sorta di maturità. Diventa El Cid (Atto IV) dopo aver scelto l'onore e aver accettato le responsabilità davanti alle quali il padre e le circostanze lo hanno posto, e dopo aver protetto il suo re e il suo Paese dai Mores.

Tuttavia, l'eroismo di Rodrigue può essere visto come una forma di orgoglio. Non solo si rifiuta di temere la morte, ma la guarda in faccia. Va anche contro le leggi, accettando il duello contro Don Gomès, e contro la correttezza, osando entrare di nuovo in casa di Chimène dopo averne ucciso il padre.

CHIMÈNE

È la figlia di Don Gomès. È un'eroina complessa che condivide l'attenzione di Rodrigue per il dovere e l'onore. È prigioniera permanente di un conflitto morale insopportabile: è innamorata dell'assassino di suo padre.

Nella scena dell'esposizione, la donna esprime i suoi dubbi e non riesce ad abbandonarsi alla felicità delle imminenti nozze. Il suo presentimento viene confermato. Dopo la morte del padre, mostra una straordinaria perseveranza nella sua ricerca di giustizia. Per ottenere la morte di Rodrigue, invoca la ragion di Stato presso il re, ricordandogli che è necessario punire chi disprezza le leggi uccidendo un nobile durante un duello. Contempla anche l'idea della propria morte, dopo aver ottenuto quella di Rodrigue. La sua forza di volontà suscita ammirazione. Anche quando il re le ordina di sposarsi dopo un anno di ritardo, necessario a lei per elaborare il lutto e a Rodrigue per completare la sua riabilitazione attraverso le imprese di guerra, lei non acconsente esplicitamente a farlo. Fino alla fine, rifiuta di dimenticare il suo onore e fa sì che la sua accettazione del matrimonio non sia altro che un segno della sua obbedienza al re.

Ma il suo amore è la sua debolezza. Il suo svenimento, quando le viene comunicata la morte di Rodrigue, tradisce i suoi sentimenti, che esprime sottilmente a Rodrigue con queste famose parole: «Va, je ne te hais point» (ATTO III, Scena 4) ("Vai, non ti disprezzo").

I PADRI: DON DIÈGUE E DON GOMÈS

Don Diègue

È il padre di Rodrigue. È uno dei principali nobili del Paese e "il valore di suo padre, ineguagliato nella sua epoca,/ finché durò la sua forza, tenne la scena" (righe 33-34). È ammirato da tutta la Spagna.

Tuttavia, egli è ormai vecchio e incarna il passato. In un famoso monologo lamenta la sua debolezza dovuta alla vecchiaia: "Oh rabbia! Oh disperazione! Oh età mia nemica!" (riga 237). Di fronte a Don Gomès, le sue forze lo tradiscono. Deve quindi fare del figlio lo strumento della sua vendetta; per questo gli consegna la spada. Gli consegna simbolicamente la carica e gli indica la via dell'eroismo.

Don Gomès

È il padre di Chimène. All'inizio della commedia sembra un uomo onesto, capace di riconoscere le qualità di Don Diègue e Rodrigue, ma ben presto si dimostra privo di saggezza e orgoglioso. È geloso di Don Diègue, che il re ha nominato precettore del principe di Castiglia per ringraziarlo dei suoi servigi. Per questo motivo, non esita a colpirlo, senza tener conto del rispetto dovuto alla sua età e al suo valore. Inoltre, non è rispettoso del potere reale e non teme il suo giudizio. Per lui, "qualunque sia il potere dei re, essi non sono che esseri umani,/possono sbagliare facilmente come gli altri uomini" (righe 157-158). Viene sconfitto da Rodrigue e va incontro a una tragica fine.

Ma non è solo un personaggio vittima delle sue passioni e dei suoi eccessi. È anche un guerriero eccezionale, il cui coraggio dà valore all'impresa di Rodrigue. Don Diègue, inoltre, fa di Don Gomès il suo alter ego, differenziandosi da lui semplicemente per la minore età di questi. Si rivolge a lui con questo orgoglioso complimento: "Tu sei oggi quello che io ero un tempo, per forza" (riga 212).

DON FERNAND

È il re di Castiglia. Il suo potere può sembrare relativamente limitato. È molto irritato dal comportamento di Don Gomès, ma la sua insubordinazione rimane impunita. Il re non ordina nemmeno l'arresto di Don Rodrigue dopo il duello. Sfidare qualcuno a duello, tuttavia, è illegale. Per questo la richiesta di Chimène è legittima: il colpevole deve essere punito. Tuttavia, il re stesso finisce per permettere il duello tra Rodrigue e Don Sanche, come misura eccezionale. Egli fa di Chimène la posta in gioco del combattimento. La giovane donna non è d'accordo con questa decisione, perché non vuole sposare Don Sanche e teme di essere costretta a sposare Rodrigue.

Il re è preoccupato dalle minacce che i Mores costituiscono almeno quanto dai suoi conflitti interiori e desidera "fare attenzione a salvare il sangue dei suoi sudditi" (riga 596). È proprio a causa della minaccia moresca che non può permettersi di punire Rodrigue, la cui vita è preziosa sia per lui che per il Paese. Per questo motivo, può essere protettivo e benintenzionato. Appoggia il matrimonio di Chimène e Rodrigue perché comprende i sentimenti della giovane donna. Fa rispettare la sua legge ed esercita la giustizia con saggezza e moderazione.

GLI AMANTI DELUSI: L'INFANTA E DON SANCHE

L'Infanta

L'amore dell'Infanta per Don Rodrigue è impossibile ed è quindi un tormento per lei. Attende il matrimonio di Chimène e Rodrigue, perché metterebbe fine alle sue speranze e la libererebbe da un tormento, per quanto lo tema. Tuttavia, la morte di Don Gomès risveglia la sua speranza, anche se non può sposare Rodrigue, perché lui non è figlio di re – mentre lei lo è – e perché non la ama. Deve scegliere tra il suo amore e il suo dovere di principessa, che le impone di sposare un uomo del suo rango. Alla fine si rassegna e rinuncia ai suoi sentimenti dando Rodrigue a Chimène.

Don Sanche

È l'amante deluso di Chimène. Si offre di essere lo strumento della sua vendetta nella speranza di uccidere il suo rivale.

Tuttavia, non ha il valore di Don Rodrigue e viene facilmente sconfitto nel duello. Accetta il disonore di aver perso, semplicemente contento che la sua vita sia stata risparmiata. Si rassegna ad accettare l'amore di Chimène per Rodrigue.

ANALISI

LA « QUERELLE DU CID »

Nel periodo classico, che corrisponde al XVII secolo e più precisamente al regno di Luigi XIV, il teatro doveva obbedire a regole severe basate, tra l'altro, su principi presi in prestito dal filosofo greco Aristotele (384-322 a.C.). Questo famoso verso di Boileau (scrittore francese, 1636-1711) li riassume: « Qu'en un lieu, qu'en un jour, un seul fait accompli/ Tienne jusqu'à la fin le théâtre rempli » ("Che un'unica azione completa, in un luogo e in un giorno, tenga il teatro gremito fino all'ultimo" *Art poétique*, III, v. 45-46). L'opera di Corneille diede origine a una vera e propria disputa, chiamata « Querelle du Cid », perché gli oppositori dei drammaturghi ritenevano che l'opera non fosse conforme alle regole della tragedia classica, tra cui la famosa regola delle tre unità citata nel verso di Boileau, che avrebbe dovuto garantire la credibilità dell'azione. Le tre unità citate riguardano il tempo, il luogo e l'azione:

- l'unità d'azione costringe il drammaturgo a sviluppare un'unica trama per tutta l'opera. Il tema principale della trama di Corneille è l'amore di Chimène e Rodrigue e gli ostacoli che incontra. Tuttavia, l'amore impossibile dell'Infanta per Rodrigue è una trama secondaria, che non è essenziale alla prima trama;

- l'unità di tempo presuppone che l'azione messa in scena si svolga nell'arco di una giornata. Tuttavia, è piuttosto improbabile che i numerosi colpi di scena e le azioni della commedia (duelli, battaglie contro i Mores, ecc.) si siano svolti in un solo giorno;

- l'unità di luogo richiede che la rappresentazione avvenga in un unico luogo: In *Le Cid*, questo luogo è Siviglia. In realtà, però, l'azione si svolge in tre spazi diversi: La casa di Chimène, il palazzo del re e la piazza pubblica.

La « Querelle du Cid » riguardava anche il genere della commedia, ovvero la tragicommedia. In effetti, le regole classiche non sono adatte a questo genere, che doveva essere letteratura di basso livello rispetto alle tragedie: pertanto, la tragicommedia assicurava a Corneille una maggiore libertà. Corneille, cercando di porre fine alle polemiche, chiamò la sua commedia "tragedia" nella sua edizione del 1648.

La tragicommedia sfida infatti la necessità di un'unità di tono, che presuppone una distinzione rigorosa tra commedia e tragedia. È caratterizzata da una mescolanza di toni: comico, patetico, ecc. Così, il matrimonio tra Rodrigue e Chimène, anche se ritardato, è un esito felice che avrebbe potuto essere adatto a una commedia.

Anche questo risultato era contrario alla correttezza, così come la rappresentazione in scena dello schiaffo di Don Gomès a Don Diègue. La regola classica vietava normalmente la rappresentazione di azioni violente o scioccanti sul palcoscenico.

POTERE REALE

Il personaggio di Don Fernand ricorda in parte Luigi XIII, di cui Corneille elogia l'esercizio del potere, in un contesto di guerre tra Francia e Inghilterra dal 1635.

Nel 1637, anno della rappresentazione di El Cid, la Francia si trovava in un periodo di consolidamento dell'assolutismo reale, il cui culmine era rappresentato dal regno di Luigi XIV. L'obiettivo era quello di piegare i nobili a un potere centralizzato, che il re non condivideva con nessuno. Don Fernand, come Luigi XIII, incarna questa concezione assolutista del potere. A nessun nobile è permesso di esercitare la propria legge. Nella commedia, Corneille sottolinea la fedeltà di Rodrigue e Chimène al re e condanna l'insubordinazione di Don Gomès.

Luigi XIII, seguendo la proposta di Richelieu, decise cioè di proibire la pratica dei duelli, che causavano molte morti tra la nobiltà francese ed erano considerati una forma di contestazione dell'autorità del re. Solo la giustizia reale era legittima. Corneille mostra il suo sostegno a questa decisione illustrando le terribili conseguenze di tale abitudine feudale, incarnate da Don Diègue e Don Gomès nella commedia.

Vale anche la pena di notare che Rodrigue, vittorioso contro i Mores, ricorda al pubblico un momento glorioso dell'attualità dell'epoca: il successo di Richelieu contro le truppe spagnole che minacciavano Parigi dopo aver invaso la Francia attraverso il Nord.

L'EROE CORNIOLO

L'eroe corniolo è combattuto tra amore e dovere. Costruisce il suo carattere nel conflitto e nel dilemma che cerca di vincere. Per elevarsi all'eroismo, deve superare le passioni attraverso la ragione. *Le Cid* ci mostra l'evoluzione di un eroe che riesce a dominare i propri sentimenti per compiere il proprio dovere: Rodrigue deve prima mostrarsi degno della sua famiglia nella lotta contro Don Gomès, prima di mostrarsi degno del suo Paese nella lotta contro i Mores. L'amore per Chimène, basato sul riconoscimento reciproco di meriti comuni, gli dà una motivazione in più per compiere le sue imprese. L'eroe è definito dalla forza di volontà e dal controllo su se stesso e sugli altri. Il suo eroismo lo porta alla gloria.

Le commedie di Corneille – che aveva ricevuto un'educazione gesuitica (ordini religiosi che concedono un posto importante alla volontà dell'uomo) – ci presentano personaggi che mantengono un certo grado di libertà e che rifiutano di essere dominati dalle loro passioni. Esaltano la forza di volontà e la generosità dell'eroe. Racine (1639-1699), un altro grande drammaturgo del secolo classico, ha una prospettiva molto diversa sull'uomo: nelle sue tragedie, i personaggi non hanno alcun controllo sul loro destino e sono vittime delle loro passioni.

ULTERIORI RIFLESSIONI

ALCUNE DOMANDE SU CUI RIFLETTERE...

* August, in *Cinna* (1642), fa questa orgogliosa affermazione: «Je suis maître de moi comme de l'Univers» (riga 1696) ("Sono padrone di me stesso, come sono padrone dell'universo"). In che modo questo verso sembra definire l'eroe corniolo?

* In che modo questo dramma è una difesa dello Stato contro il caos provocato dall'individualismo dei nobili? Perché Rodrigue, nonostante la sua fedeltà al re, prende l'iniziativa di combattere i Mores senza aver ricevuto la benedizione del re? Si può ritenere che Corneille legittimi un certo tipo di atto di disobbedienza nei confronti del re?

* In che misura questa commedia condanna la legge dei padri? Secondo voi, Don Gomès e Don Diègue impongono ai loro figli un destino tragico o, al contrario, permettono loro di diventare eroi?

* Secondo voi, perché Corneille ha scelto un argomento spagnolo per la sua opera? Quali sono i riferimenti alla Spagna che sono rilevanti? In che misura uno spettatore del XVII secolo potrebbe vedervi un riferimento all'attualità?

* George de Scudéry (1601-1667), uno degli avversari di Corneille nella «Querelle du Cid», affermò che «Chimène est scandaleuse sinon, dépravée» ("Chimene è scandalosa, se non dissoluta"). Su cosa si basa questo giudizio? Pensate che sia giustificato?

- I personaggi femminili dell'opera possono essere considerati ostacoli alla realizzazione dell'eroe? In questa opera, come Corneille definisce l'eroismo femminile?

- Qual è il ruolo della narrazione nello spettacolo? Nel complesso, che tipo di problemi pone la narrazione a teatro, in particolare per quanto riguarda la messa in scena?

- Come si può paragonare il percorso di Rodrigue a quello dell'eroe di un epos?

- Esaminate la dimensione poetica dell'opera. Analizzate la ricchezza del verso alessandrino e delle immagini della versione originale. Basate le vostre risposte in particolare su una lettura ravvicinata delle prese di posizione di Rodrigue (Atto I, Scena 6).

- L'esito di questa commedia è solitamente considerato felice. Tuttavia, potrebbe essere interpretato diversamente?

ULTERIORI LETTURE

EDIZIONE DI RIFERIMENTO

Corneille, P. (2007) *Le Cid*. [Online]. Poesia in traduzione. [Accessed 30 November 2015]. Disponibile da: <http://www.poetryintranslation.com/PITBR/French/LeCidActII.htm>

STUDI DI RIFERIMENTO

Corneille, P. (1980) *Œuvres completes*. Volume 1. Parigi: Gallimard.

Doubrovsky, S. (1963) *Corneille et la Dialectique du héros*. Parigi: Gallimard.

Vogliamo sapere da voi!
Lasciate un commento sulla vostra biblioteca online
e condividete i vostri libri preferiti sui social media!

Perché scegliere Must Read?

Scoprite tutto quello che c'è da sapere su un libro, con i nostri riassunti e le nostre analisi concise e approfondite!

Scoprite il meglio della letteratura sotto una luce completamente nuova!

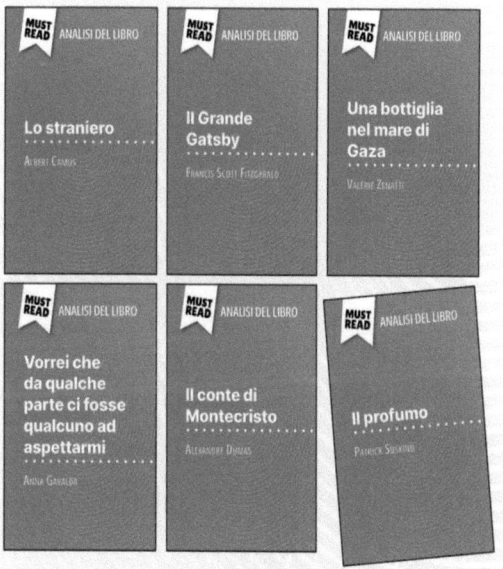

www.50minutes.com

Master ISBN: 9782808690447
ISBN cartaceo: 9782808611848
Deposito legale: D/2023/12603/1464

Copertura: © Primento

Concezione digitale a cura di Primento, il partner digitale degli editori.